Analyse de l'œuvre

Par Claire Cornillon
et Alexandre Randal

En attendant Godot

de Samuel Beckett

lePetitLittéraire.fr

Rendez-vous sur lepetitlitteraire.fr et découvrez :

Plus de 1200 analyses
Claires et synthétiques
Téléchargeables en 30 secondes
À imprimer chez soi

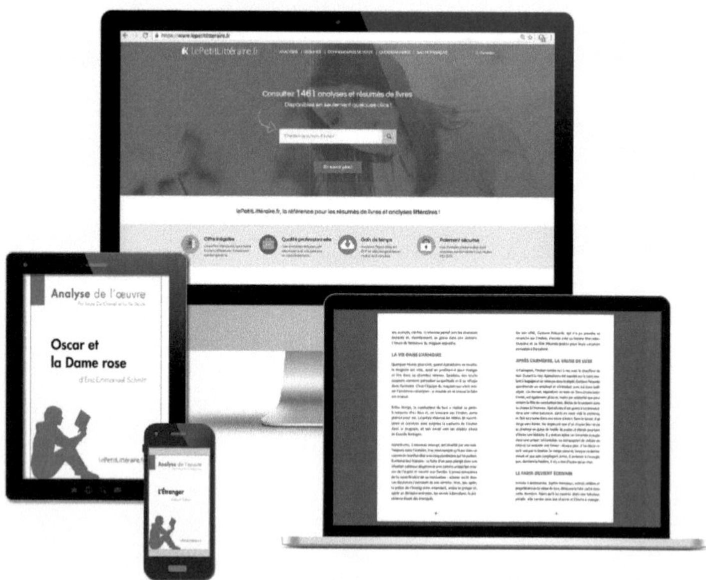

SAMUEL BECKETT

ROMANCIER, POÈTE ET DRAMATURGE IRLANDAIS

- **Né en 1906 à Dublin**
- **Décédé en 1989 à Paris**
- **Quelques-unes de ses œuvres :**
  - *Molloy* (1951), roman
  - *En attendant Godot* (1952), pièce de théâtre
  - *Fin de partie* (1957), pièce de théâtre

Samuel Beckett est un écrivain irlandais né à Dublin en 1906. Lecteur d'anglais à l'École normale supérieure à Paris en 1928-1929, il s'installe ensuite dans la capitale française en 1938. En 1945, il commence à écrire des œuvres en français, comme son roman *Molloy* (1951) ou la pièce *En attendant Godot* (1952).

Prix Nobel de littérature en 1969, Samuel Beckett est un écrivain majeur de ce que l'on a appelé le théâtre de l'absurde, peignant avec un humour très noir la déchéance et le désœuvrement de l'homme moderne. Il meurt en 1989.

EN ATTENDANT GODOT

L'ABSURDE COMME CONDITION DE L'HOMME MODERNE

- **Genre** : théâtre de l'absurde
- **Édition de référence** : *En attendant Godot*, Paris, Éditions de Minuit, 1952, 136 p.
- **1ʳᵉ édition** : 1952
- **Thématiques :** attente, inactivité, recherche du sens, désespoir

Publié en 1952, *En attendant Godot* est la pièce la plus célèbre de Samuel Beckett. Elle a été mise en scène par Roger Blin en 1953 au théâtre Babylone à Paris. Deux hommes, Vladimir et Estragon, y attendent en vain un certain Godot, qui ne viendra jamais. Ils tournent en rond, essayant de tromper l'ennui et le désespoir dans l'illusion d'un langage qui n'est qu'un bavardage vain. Malgré les réactions parfois violentes à l'époque de la création de cette pièce, déconcertante et dérangeante, elle a obtenu un succès international.

RÉSUMÉ

Cette pièce de théâtre est divisée en deux actes. Elle met en scène la crise du personnage dans la mesure où les quatre protagonistes présents sur scène ne font rien et n'ont aucun but, hormis celui d'attendre Godot qui est le grand absent de la pièce. De plus, les évènements se répètent inlassablement, ne laissant apercevoir aucune évolution.

ACTE I

Un soir, sur « une route à la campagne, avec arbre » (p. 9), Vladimir et Estragon, deux vagabonds en haillons se retrouvent. Estragon a passé la nuit dans un fossé et s'est fait battre, comme il le raconte à Vladimir. Dans un premier temps, les deux amis se disputent, puis ils se réconcilient. Ils bavardent.

Comme tous les jours, ils attendent Godot, qui leur a fait savoir qu'il viendrait peut-être. Estragon s'endort et Vladimir le réveille parce qu'il se sent seul. Estragon veut lui raconter son rêve, mais Vladimir refuse. Nouvelle dispute, nouvelle réconciliation. Ils envisagent de se pendre, mais Estragon conclut : « Ne faisons rien. C'est plus prudent. » (p. 22)

Pozzo et Lucky entrent ensuite, le premier tenant le second au bout d'une laisse, Pozzo mange et bavarde avec Vladimir et Estragon. Ces derniers essaient de parler à Lucky, qui ne répond pas. Vladimir et Estragon plaignent le serviteur maltraité par son maitre, mais, après un discours pathétique de Pozzo, la situation se renverse entièrement et les deux compères accusent Lucky d'être cruel envers lui. Lucky obéit aux ordres qu'on lui donne : il danse, puis prononce un long discours pseudoscientifique et philosophique très confus, entrecoupé de bégaiements. Lucky et Pozzo finissent par s'en aller.

Un jeune garçon entre alors et vient annoncer à Vladimir et Estragon que M. Godot ne viendra pas, mais qu'il pourrait peut-être venir le lendemain. L'acte se termine sur cette réplique de Vladimir : « Allons-y », et la didascalie qui la suit : « Ils ne bougent pas. » (p. 75)

ACTE II

Le lendemain, à la même heure et au même endroit, Vladimir et Estragon se retrouvent une fois de plus après une séparation : « L'arbre porte quelques feuilles. » (p. 79) Estragon s'est à nouveau fait battre, et les deux vagabonds se disputent pour savoir s'ils ne devraient pas se séparer, mais la discussion n'aboutit à rien.

Estragon ne se souvient pas de ce qu'ils ont fait la veille alors que Vladimir le questionne pour lui rafraichir la mémoire. Ils jouent à imiter Pozzo et Lucky. Pensant que quelqu'un arrive, ils font le guet.

Pozzo et Lucky font de nouveau leur entrée, mais cette fois le premier est aveugle, tandis que Lucky est, selon son maitre, muet. Pozzo ne semble pas se rappeler avoir rencontré quiconque le jour précédent, et lorsque Vladimir, étonné, lui demande depuis quand il est aveugle, il argüe que son handicap lui ôte toute notion de temps : « Ne me questionnez pas. Les aveugles n'ont pas la notion du temps. (Un temps.) Les choses du temps, ils ne les voient pas non plus. » (p. 122)

Pozzo et Lucky s'en vont avant que le jeune garçon revienne. C'est le même que la veille, nous indique la didascalie ; il af- firme pourtant être quelqu'un d'autre. Godot ne viendra pas non plus ce soir, mais sera peut-être présent le lendemain, explique-t-il à Vladimir et Estragon.

Les deux amis envisagent une fois de plus de se pendre, mais y renoncent, faute de corde assez solide. Cette fois, c'est Estragon qui dit « Allons-y », et la didascalie indique comme la première fois : « Ils ne bougent pas. » (p. 134) Rideau.

ÉTUDE DES PERSONNAGES

VLADIMIR ET ESTRAGON

La pièce livre assez peu d'indices concernant ses deux personnages principaux. Ce sont des vagabonds vêtus de « haillons » (p. 14). Ils portent tous les deux un chapeau melon. Pozzo leur donne 60-70 ans (p. 37), et Vladimir estime qu'il accompagne Estragon depuis environ 50 ans (p. 74).

Au cours des conversations, ils évoquent quelques éléments de leur passé. Par exemple, on apprend que, selon Vladimir – parfois surnommé « Didi » par Estragon –, ils ont fait un jour les vendanges dans le Vaucluse ; mais Estragon – ou « Gogo » pour Vladimir – ne semble pas s'en souvenir (p. 86). On n'en saura pas beaucoup plus.

Les deux personnages fonctionnent comme un duo comique. Estragon est maladroit, il perd souvent l'équilibre et se trouve au centre de gags visuels tels que la difficulté à enlever sa chaussure, par exemple. Il ne se souvient de rien, pas même de ce qu'il a fait la veille. Vladimir, à l'inverse, se rappelle les évènements. C'est lui qui interroge Estragon, il conduit souvent le dialogue et peut même prononcer de plus longs discours. Il a lu la Bible, ou du moins les Évangiles, à propos desquels il expose à son ami, au début du premier acte, son questionnement quant à une certaine contradiction qu'il a relevée (p. 14-16). Estragon l'écoute parfois distraitement.

Tous deux sont caractéristiques des personnages de

Beckett : diminués physiquement. C'est également le cas, par exemple, dans la pièce *Fin de Partie*. Ils constituent des variations d'un même modèle plutôt que différents actants d'un schéma actanciel forcément lacunaire étant donné que l'intrigue de la pièce n'avance pas. Estragon et Vladimir ne progressent pas, ils ressassent sans cesse les mêmes idées et n'aboutissent à rien. Ils comblent le vide de leur vie en jouant des rôles ; ils jouent à se disputer et à se réconcilier ; ils s'amusent à incarner Pozzo et Lucky, mais ils n'agissent jamais vraiment. Ils ne font qu'articuler des mots. Ils semblent parfois fébriles, devenant subitement agressifs l'un envers l'autre.

POZZO ET LUCKY

Pozzo et Lucky forment le second duo de la pièce. Ils arborent eux aussi des chapeaux melon. Pozzo porte des lunettes. Eux aussi sont sur la route et ils passent et repassent sans cesse au même endroit. Pourtant, ils représentent en quelque sorte les doubles inversés de Vladimir et d'Estragon. En effet, ces derniers sont liés par leur amitié et se soutiennent mutuellement. Ils semblent en dehors du temps, échappant à toute contrainte extérieure ; ils ne sont qu'attente et distraction, dans une sorte d'univers parallèle.

En revanche, Pozzo et Lucky, dont le duo est fondé sur un rapport de force ambigu qui semble à chaque instant pouvoir s'inverser, paraissent plus ancrés dans la dure réalité d'un monde violent. Pozzo, le maitre, tient Lucky par une corde attachée à son cou et le force à avancer grâce à un fouet. Le serviteur porte « une lourde valise, un siège pliant, un panier à provisions et un manteau (*sur le bras*) » (p. 28). Pozzo insulte son serviteur, le traite constamment de porc et ne cesse de lui donner des ordres secs comme on le ferait à un chien – Lucky est même contraint, à un moment, de prendre le fouet entre ses dents (p. 32). Mais il est aussi dépendant de Lucky, en particulier dans le second acte, où il est aveugle.

Lucky est un personnage qui réunit les deux extrêmes du langage : le silence et le bavardage vide. Son discours pseudoscientifique n'est que charabia. Il est à la fois soumis à son maitre, mais il est aussi agressif lorsqu'Estragon lui tend un mouchoir. Il semble vieux : « Il dansait mieux avant, dit Pozzo, maintenant, il est fatigué. » (p. 56)

Pozzo, quant à lui, prononce de longues tirades, un discours toujours creux, comme c'est le cas dans la parodie du discours lyrique à propos du ciel :

> « (*Sa voix se fait chantante*) Il y a une heure (*Il regarde sa montre, ton prosaïque*) environ (*Ton à nouveau lyrique*) après nous avoir versé depuis (*Il hésite, le ton baisse*) mettons dix heures du matin (*Le ton s'élève*) sans faiblir des torrents de lumière rouge et blanche, il s'est mis à perdre de son éclat, à pâlir. » (p. 51-52)

Pozzo et Lucky sont donc des personnages ambivalents qui représentent des facettes de la condition humaine, le rapport à autrui, la question du pouvoir et, comme tous les personnages de Beckett, le rapport au langage.

LE GARÇON

Le garçon intervient deux fois, pour prévenir Vladimir et Estragon que M. Godot ne viendra pas. La seconde fois, il ne se rappelle pas être venu la veille. Il travaille pour M. Godot et garde les chèvres. Son frère garde les brebis.

CLÉS DE LECTURE

INFLUENCE ARTISTIQUE

D'octobre 1936 à avril 1937, Beckett, alors en pleine crise existentielle et créatrice, décide de quitter son poste de lecteur au Trinity College de l'université de Dublin pour entreprendre un voyage en Allemagne nazie. Grand passionné d'art et notamment de peinture, Beckett voit ce voyage comme une manière de « se confronter aux œuvres d'art [...] pour chercher, à travers elles, un autre moyen d'écrire qui pourrait engendrer un effet comparable à celui qu'elles produisent, c'est-à-dire qui serait capable d'outrepasser le caractère intellectuel de la verbalisation pour toucher directement la manière sensible de l'être, avec la même force que les images. » (LAMBERT S., *Avant Godot*, 2016, p. 55)

Le 14 février 1937, à Dresde, un tableau retient son attention : il s'agit de *Deux hommes contemplant la Lune* de Caspar David Friedrich (peintre allemand, 1774-1840). Beckett, pourtant très peu porté sur les peintres romantiques – il affirme que la peinture de Friedrich est « un romantisme bémolisé »(KNOWLSON J., *Beckett*, p. 336) – ressent quelque chose de particulier face au tableau. Selon James Knowlson, professeur de littérature et biographe de Beckett, il affirmera plus tard à l'une de ses amies que ce tableau est la source de sa pièce.

Caspar David Friedrich est l'artiste le plus emblématique de la peinture romantique allemande. Il est surtout célèbre pour son œuvre *Le Voyageur contemplant une mer de nuages*

(1818). Le tableau qui a inspiré Beckett, *Deux hommes contemplant la Lune*, montre deux hommes qui se tiennent de biais et contemplent la Lune au couchant. La nature autour d'eux est inhospitalière ; à leur droite se trouve un arbre déraciné. Les deux hommes, l'un s'appuyant sur le second, semblent immobiles, spectateurs d'une réalité à laquelle ils ne prennent pas part. « Vladimir : "Alors, on y va ?" Estragon : "Allons-y". *Ils ne bougent pas.* (p. 75) Ils demeurent là, contemplant la Lune, au pied de l'arbre.

Deux hommes contemplant la Lune, de Caspar David Friedrich, 1819-1820.

LE THÉÂTRE DE L'ABSURDE

C'est le critique du *Figaro Littéraire*, Jacques Lemarchand (écrivain et critique français, 1908-1974) qui, dans ses articles, regroupe Samuel Beckett, Eugène Ionesco (dramaturge français d'origine roumaine, 1909-1994) et Arthur Adamov (dramaturge français d'origine russe, 1908-1970) sous l'appellation « théâtre de l'absurde », que les trois auteurs n'ont jamais revendiquée. Après les traumatismes de la Seconde Guerre mondiale (1939-1945) et le désenchantement d'un XXe siècle où Dieu serait mort, selon le mot de Nietzsche (philosophe allemand, 1844-1900), des philosophes comme Jean-Paul Sartre (philosophe et écrivain français, 1905-1980) et Albert Camus (écrivain français, 1913-1960) mettent à l'honneur le terme d'absurde qui définit, selon eux, la condition de l'homme moderne condamné à chercher en vain le sens de l'existence.

EXISTENTIALISME ET THÉÂTRE DE L'ABSURDE

L'existentialisme est un courant de pensée qui trouve son origine chez les philosophes Søren Kierkegaard (philosophe danois, 1813-1855) et Karl Jaspers (psychiatre et philosophe allemand, 1883-1969). En littérature, ses représentants sont Jean-Paul Sartre et Albert Camus. Bien que se divisant en plusieurs écoles, l'existentialisme privilégie l'étude de l'existence humaine, de sa signification et de ses possibilités, postulant que l'être humain est libre dans ses choix et seul maître de son existence.

Le théâtre de l'absurde résulte directement des premières œuvres littéraires existentialistes, dont *La Nausée* (1938) de Sartre et *L'Étranger* (1942) de Camus sont en quelque sorte les archétypes. Les dramaturges du courant de l'absurde, dans la décennie postérieure à la Seconde Guerre mondiale, s'interrogent essentiellement sur la condition humaine et sur le sens de la vie, à une époque durant laquelle l'humanité est en manque de repères et désabusée par le paroxysme de violence qui a été atteint pendant ces six années de guerre.

L'absurde dans *En attendant Godot*

Le personnage qu'attendent Vladimir et Estragon a souvent pu être interprété comme une figure de Dieu (« Godot » viendrait alors de God, « Dieu » en anglais). La pièce serait donc une allégorie de l'absurdité de l'existence humaine, passée dans l'espérance d'un Dieu qui ne vient pas. Mais Beckett a toujours refusé qu'on lui prête cette intention. Pour lui, la signification de son œuvre est multiple et le nom de Godot pourrait tout aussi bien être rapproché de « godillot », en référence à la chaussure d'Estragon, comme une image du dérisoire. Et effectivement, pièce ouverte à l'intrigue et aux dialogues inconsistants, elle peut facilement se voir attribuer de nombreuses interprétations et reste donc rebelle à une analyse irrévocable.

BECKETT PAR LUI-MÊME

Beckett, fidèle à l'image qu'il veut donner de lui,

exprime parfaitement son refus d'attribuer une signification à sa pièce dans une lettre à Michel Polac (journaliste français, 1930-2012) :

> « Je n'ai pas d'idées sur le théâtre. Je n'y connais rien. Je n'y vais pas. C'est admissible. Ce qui l'est sans doute moins, c'est d'abord, dans ces conditions, d'écrire une pièce, et ensuite, l'ayant fait, de ne pas avoir d'idées sur elle non plus. C'est malheureusement mon cas. Il n'est pas donné à tous de pouvoir passer du monde qui s'ouvre sous la page à celui des profits et pertes, et retour, imperturbable, comme entre le turbin et le Café du Commerce. Je ne sais pas plus sur cette pièce que celui qui arrive à la lire avec attention. Je ne sais pas dans quel esprit je l'ai écrite. Je ne sais pas plus sur les personnages que ce qu'ils disent, ce qu'ils font et ce qui leur arrive. De leur aspect j'ai dû indiquer le peu que j'ai pu entrevoir. Les chapeaux melon par exemple. Je ne sais pas qui est Godot. Je ne sais même pas, surtout pas, s'il existe. Et je ne sais pas s'ils y croient ou non, les deux qui l'attendent. Les deux autres qui passent vers la fin de chacun des deux actes, ça doit être pour rompre la monotonie. Tout ce que j'ai pu savoir, je l'ai montré. Ce n'est pas beaucoup. Mais ça me suffit, et largement. Je dirai même que je me serais contenté de moins. Quant à vouloir trouver à tout cela un sens plus large et plus élevé, à emporter après le spectacle, avec le programme et les esquimaux, je suis incapable d'en voir l'intérêt. Mais ce doit être possible. » (*Lettre de Samuel Beckett à Michel Polac*, janvier 1952)

Il réitère cette distinction God/Godot dans une phrase lapidaire, qui clôt toute supposition sur l'identité réelle de Godot, tirée d'une de ses lettres à Ralph Richardson (acteur britannique, 1902-1983) : « Si par Godot j'avais voulu dire God j'aurais dit God, et non Godot. »

Pour l'auteur, c'est tout vu : à chacun d'y voir le sens qui lui convient, mais qu'on ne lui attribue aucune intention particulière. Et pourtant, ce n'est pas par hasard que de nombreux commentateurs – si pas tous – s'accordent à rattacher Beckett à un théâtre de l'absurde mettant l'accent sur une condition humaine dénuée de sens.

On retrouve plusieurs passages évoquant Dieu (p. 108), Jésus (p. 73) ou des épisodes de la Bible (p. 15 et 117) dans son texte, par exemple lorsque Vladimir raconte à Estragon l'histoire des deux larrons s'interrogeant sur les différentes versions de l'épisode rapporté par les évangélistes (p. 15). Ce récit peut être lu comme une allégorie de la condition humaine, qui se réduit ici à deux possibilités : être sauvé par Dieu ou être damné. Mais Dieu peut-il sauver les hommes ? Car finalement, nous ignorons le fin mot de l'histoire ; peut-être les deux larrons ont-ils été damnés, laissant planer le doute sur l'existence de Dieu. Godot – à qui Estragon et Vladimir ont adressé « une sorte de prière » (p. 23) et qui porte une barbe blanche, comme la plupart des représentations de Dieu (p. 130) – viendra-t-il donner un sens à l'attente de Didi et Gogo ?

D'autres allusions viennent renforcer cette interprétation de la pièce. Ainsi, à plusieurs reprises, Beckett pare ses personnages d'un aspect universel : « [...] l'humanité c'est nous, que ça nous plaise ou non » (p. 112) ; « Nous sommes des hommes » (p. 115) ; « C'est toute l'humanité » (p. 118). Et Pozzo vient établir ironiquement la relation de l'homme avec Dieu : « Vous êtes bien des êtres humains cependant. (*Il met ses lunettes.*) À ce que je vois. (*Il enlève ses lunettes.*) De la même espèce que moi. (*Il éclate d'un rire énorme.*) De la même espèce que POZZO ! D'origine divine ! » (p. 30)

L'humanité entière se croit d'origine divine et attend la venue de Dieu, un Dieu qui ne viendra peut-être jamais, qui n'existe peut-être pas. Même les personnages de Beckett, bien que réduits à leur attente, semblent lucides quant à l'absurdité, l'inconsistance de leur existence, pareille à un rêve ou à un cauchemar. Plusieurs passages le démontrent, tel celui où Estragon veut raconter son rêve à son ami :

> « ESTRAGON. – Je rêvais que...
> VLADIMIR. – NE LE RACONTE PAS !
> ESTRAGON (*geste vers l'univers*). – Celui-ci te suffit ? » (p. 19)

Plus loin, Pozzo se fait cynique en évoquant la nuit – ou la mort : « [...] derrière ce voile de douceur et de calme (*il lève les yeux au ciel, les autres l'imitent, sauf Lucky*) la nuit galope (*la voix se fait plus vibrante*) et viendra se jeter sur nous (*il fait claquer ses doigts*) pfft ! comme ça – (*l'inspiration le quitte*) au moment où nous nous y attendrons le moins. (*Silence. Voix morne*) C'est comme ça que ça se passe sur cette putain de terre. » (p. 52) Estragon ironise : « On trouve toujours quelque chose, hein, Didi, pour nous donner l'impression d'exister ? » (p. 97) Et Vladimir n'est pas en reste : « Il est vrai qu'en pesant, les bras croisés, le pour et le contre, nous faisons également honneur à notre condition. » (p. 112)

Ils s'interrogent : « Et nous ? [...] Quel est notre rôle là-dedans ? » (p. 24) Vladimir connait une véritable crise de conscience (p. 128), avant pourtant de reprendre son attente comme les autres jours.

Quelques jours après la mort de Samuel Beckett, un autre grand auteur du théâtre de l'absurde, Eugène Ionesco, a fait part de son opinion sur l'écrivain irlandais dans une interview datée du 4 janvier 1990 et accordée à Guy Dumur (écrivain et critique littéraire français, 1921-1991) de l'hebdomadaire *Le Nouvel Observateur*. Ionesco synthétise l'œuvre beckettienne avec brio et donne son avis sur Godot :

> « Ce sont surtout les grands thèmes de la mort, du malaise existentiel qui sont importants chez Beckett : il a écrit à une époque où le théâtre politique et le théâtre de boulevard tenaient le devant de la scène. Il n'en a absolument pas tenu compte. Il a détruit le vieux théâtre et il en a créé un complètement nouveau. Il a mis en scène la vie dans ses fondements essentiels, les rapports de l'être avec lui-même, avec la transcendance, avec la divinité. Ses commentateurs n'auraient peut-être pas été d'accord et lui-même n'a jamais commenté ses œuvres, mais moi je l'ai toujours pensé : *En attendant Godot* exprime l'attente désespérée de Dieu. On ne peut pas comprendre Beckett, on ne peut pas comprendre son théâtre si on lui ôte cette dimension métaphysique. » (Bouhey A., *Le tragique chez Eugene Ionesco*)

On trouve donc tout au long de la pièce des traces bien visibles de cet absurde dans lequel Beckett refuse pourtant de se reconnaitre.

Le théâtre classique bafoué

Il est certain, en tout cas, que la pièce déjoue les conventions du théâtre classique en mettant en place :

- une action qui n'avance pas (« Rien ne se passe, personne ne vient, personne ne s'en va, c'est terrible », dit Estragon à l'acte I, p. 57-58) ;
- des dialogues fondés sur les détails, le quotidien et la répétition, qui ne font pas progresser l'intrigue.

La pièce comporte deux actes et, comme beaucoup de pièces modernes, n'est pas découpée en scènes. Les deux actes sont ainsi deux tableaux, comme deux faces d'un miroir. La pièce est une longue attente, une marche vers rien et nulle part, et c'est en cela qu'elle reflète les particularités de l'absurde.

LE LANGAGE

Combler le vide de l'existence

Puisqu'il ne se passe rien dans la pièce, la seule action devient la parole, mais il s'agit d'un langage désespéré qui n'est là que pour combler le vide de l'existence.

> « ESTRAGON. – [...] Nous sommes incapables de nous taire.
> VLADIMIR. – C'est vrai, nous sommes intarissables.
> ESTRAGON. – C'est pour ne pas penser.
> VLADIMIR. – Nous avons des excuses.
> ESTRAGON. – C'est pour ne pas entendre.
> VLADIMIR. – Nous avons nos raisons. » (p. 87)

Ainsi, même quand le dialogue offre la possibilité de fournir une information, comme lorsque le jeune garçon vient prévenir Vladimir et Estragon, il est parasité par des obstacles : les deux compères harcèlent le garçon pour qu'il parle, et, lorsqu'il s'apprête à le faire, ils l'interrompent et l'empêchent de dire ce qu'il a à dire. Le langage n'est dès lors que le reflet du vide : il est incapable de rendre compte de la réalité et n'est là que pour passer le temps.

Figures de style

Suivant cette optique de parler pour parler, Beckett introduit quelques figures de style, comme cette longue assonance avec le son « en » :

> « ESTRAGON. – On att<u>en</u>d.
> VLADIMIR. – Oui, mais <u>en</u> att<u>en</u>d<u>an</u>t ?
> ESTRAGON. – Si on se p<u>en</u>dait ?
> VLADIMIR. – Ce serait un moyen de b<u>an</u>der.
> ESTRAGON *(aguiché)*. – On b<u>an</u>de ? » (p. 21)

La vanité du langage est encore illustrée par plusieurs antinomies entre ce qui est dit et ce qui est fait. Ainsi, chacun des deux actes se clôt par une parole « Allons-y » suivie de la didascalie « *Ils ne bougent pas.* »

L'AVIS DE IONESCO

Les souvenirs évoqués par l'auteur de *La Cantatrice chauve* lors de son interview du 4 janvier 1990 avec Guy Dumur permettent de se forger une opinion sur la manière dont Beckett voyait le silence et la parole :

« Je me souviens avoir vu Samuel Beckett en compagnie du peintre Bram Van Velde [peintre néerlandais, 1895-1981] à la Coupole. Ils passaient des heures ensemble, immobiles, sans presque échanger une parole. À l'instant de se séparer, Beckett disait : "On a passé un bon moment" et c'était tout. Quand je pense à lui, il me revient en mémoire ce vers d'Alfred de Vigny [écrivain français, 1797-1863] : "Seul le silence est grand, tout le reste est faiblesse" ».

« Pour Beckett, la parole n'était que du blabla. Elle était inutile. On a [parlé de] théâtre de l'absurde. L'expression avait été inventée par un critique anglais, Martin Esslin. On l'a également appliquée à mes propres pièces et à celles d'Adamov, ce dramaturge injustement oublié aujourd'hui. On parlait de l'absurde parce que c'était l'époque où on parlait souvent aussi de l'absurde de Sartre, de Bataille, de Camus, de Merleau-Ponty. C'était une appellation très en vogue dans les années 50. »

RÉPÉTITION ET ATTENTE

La pièce se déroule dans une sorte de non-lieu et dans un temps indéfini. Le seul élément de décor est un arbre, qui fournit également l'unique indication du passage du temps : des feuilles poussent pendant la nuit.

En dehors de cela, le temps semble suspendu. Les personnages sont au milieu de nulle part et ne font qu'attendre. « Que faisons-nous, affirme Vladimir, voilà ce qu'il faut se demander. Nous avons la chance de le savoir. Oui, dans cette immense confusion, une seule chose est claire : nous attendons que Godot vienne. » (p. 112) Pourtant, cette attente elle-même reste imprécise : ils attendent Godot, sans être surs cependant qu'il viendra un jour, et sans savoir exactement ce qu'ils lui veulent.

Ils perdent la notion du temps et chaque jour est un éternel recommencement. Les dialogues et les situations se répètent d'ailleurs souvent.

Toute possibilité d'action est niée. Même la mort, qui serait le seul moyen de sortir de ce cycle sans fin, n'est qu'envisagée par les deux compères et jamais réalisée. Pour combler ce vide, il ne leur reste plus qu'à parler. Les dialogues, insignifiants et répétitifs, ne progressent jamais. Ce sont toujours les mêmes fausses disputes et réconciliations.

D'autre part, l'objet trouve toute son importance : les passages muets de manipulation d'accessoires, comme les chaussures ou le chapeau qui passe d'une tête à l'autre, ne sont que des manifestations du vide, et de l'absence de sens et de but.

TRAGIQUE ET COMIQUE

En attendant Godot mêle parfaitement éléments tragiques et situations comiques.

Vladimir et Estragon, prisonniers de leur condition de mortels, symbolisent l'angoisse existentielle à laquelle font face les personnages du théâtre de l'absurde. Ils attendent Godot, mais personne ne vient et, le lendemain, ils attendent encore, ne tuant le temps que par l'intermédiaire de vains bavardages. L'impression de vide qui se dégage de cette attente est inquiétante ; les personnages sont noyés dans le temps et doivent affronter l'anxiété d'une existence sans véritable but. La vie elle-même n'est plus qu'une insupportable attente. Pour les deux personnages principaux, le tragique constitue par conséquent l'attente d'une possible délivrance qui donnerait un sens à leur vie. « Nous attendons. Nous nous ennuyons. » (p. 113) Le tragique de la destinée humaine et l'absence de sens qui entoure la vie les conduisent à se rapprocher de la mort et même à l'envisager : « Un jour nous sommes nés, un jour nous mourrons » (p. 126) ; « Et si on se pendait ? » (p. 132) L'attente de Godot montre ainsi la vacuité de l'existence et la tragédie de la condition humaine, tout en mettant en scène l'espoir, celui que quelque chose finira peut-être par se passer.

L'aspect comique de la pièce repose quant à lui sur le comique de situation, sur des paroles incongrues et sur des scènes contradictoires entre les propos des personnages et les didascalies. À titre d'exemple, citons la situation burlesque de l'échange sans fin de chapeaux entre Vladimir et Estragon, qui rappelle les gags du duo de comiques Laurel et Hardy (p. 101). Mentionnons également le passage durant lequel Pozzo, Estragon et Vladimir se disent adieu à tour de rôle alors que les didascalies affirment le contraire et que personne ne bouge (p. 65). Ou encore le comique de répétition, tel le sempiternel : « On attend Godot », scandé à plusieurs reprises par Vladimir et Estragon. En outre, l'auteur utilise la mise en abyme dans le but de renforcer, avec énormément d'autodérision, l'humour de la pièce : « Rien ne se passe, personne ne vient, personne ne s'en va, c'est terrible. » (p. 57-58)

Dans cette quête interminable de sens, le rire permet de tourner en dérision le tragique de la condition humaine et de mieux supporter l'attente d'un évènement, qui, s'il se produisait, donnerait un sens à l'existence. Cet humour noir, présent en filigrane dans toute la pièce, transparait de manière évidente dans certaines répliques des personnages, par exemple lorsque Vladimir dit à Estragon qu'il aurait dû être poète et que celui-ci répond : « Je l'ai été. (Geste vers ses haillons.) Ça ne se voit pas ? » (p. 14) ; ou, à propos de la danse de Lucky :

> « Pozzo. – [...] Savez-vous comment il l'appelle ?
> Estragon. – La mort du lampiste.
> Vladimir. – Le cancer des vieillards. » (p. 56)

Cette pièce, inspirée par le tableau de Friedrich, synthétise donc à merveille les obsessions de Beckett pour l'impossibilité de la communication humaine et l'extrême solitude humaine.

PISTES DE RÉFLEXION

QUELQUES QUESTIONS POUR APPROFONDIR SA RÉFLEXION...

- Qu'est-ce qui différencie cette pièce du théâtre classique ? Que fait Beckett de la règle des trois unités ?
- Peut-on dresser un portrait traditionnel des personnages ? Sont-ils distinguables les uns des autres ?
- Pourquoi peut-on dire que les personnages sont caricaturaux ?
- Les deux protagonistes principaux sont des clochards. Cela a-t-il une signification particulière ?
- Quelle place occupe le langage dans cette œuvre ? Argumentez en donnant des exemples tirés de la pièce.
- Comparez cette pièce avec *Fin de partie*. La démarche de Beckett est-elle la même ? Justifiez.
- Expliquez en quoi la naissance du théâtre de l'absurde est liée au contexte politique de l'époque.
- À votre avis, pourquoi Beckett lie-t-il le tragique et le comique ?
- Comparez cette pièce avec les pièces d'Adamov et de Ionesco. Quels sont les points communs et les différences ?
- Cette œuvre a obtenu un grand succès. Comment l'expliquez-vous ?
- Étant donné l'inexistence de l'action, comment vous y prendriez-vous pour mettre en scène *En attendant Godot* ?

Votre avis nous intéresse !
Laissez un commentaire sur le site de votre librairie en ligne
et partagez vos coups de cœur sur les réseaux sociaux !

POUR ALLER PLUS LOIN

ÉDITION DE RÉFÉRENCE

- BECKETT S., *En attendant Godot*, Paris, Éditions de Minuit, 1952.

ÉTUDES DE RÉFÉRENCE

- ARON P., SAINT-JACQUES D. ET VIALA A., *Le Dictionnaire du littéraire*, Paris, PUF, coll. « Quadrige », 2004, p. 2-3 et 216-217.
- ASSOULINE P., « Sur Godot, on n'attendait plus que Beckett », in *La République des livres*, 5 décembre 2015, consulté le 31 aout 2016, http://larepubliquedeslivres. com/sur-godot-nattendait-plus-que-beckett/
- BECKETT S., *Lettres, II : Les années Godot : (1941-1956)*, Paris, Gallimard, coll. « Blanche », 2015.
- BOUHEY A., *Le tragique chez Eugene Ionesco*, consulté le 22 septembre 2016, http://abouhey1.free.fr/ionesco_voyages.htm
- ÉMELINA J., « Samuel Beckett et le tragique (*En attendant Godot, Fin de Partie*) », in *Loxias*, 20 décembre 2009, consulté le 31 aout 2016, http://revel.unice.fr/loxias/index.html?id=3173
- KNOWLSON J., *Beckett*, Arles, Actes Sud, coll. « Babel », 2007.
- LAMBERT S., *Avant Godot*, Paris, Arléa, coll. « La rencontre », 2016.
- VERBRUGH C., *Samuel Beckett, l'écrivain du néant*, Bruxelles, Lemaitre Publishing, coll « 50 minutes », 2015.

ICONOGRAPHIE

- Deux hommes contemplant la Lune (1820), tableau de Caspar David Friedrich, 1819-1820. La photo reproduite est réputée libre de droits.

SUR LEPETITLITTÉRAIRE.FR

- Commentaire portant sur le début du premier acte de la pièce *En attendant Godot* de Samuel Beckett.
- Commentaire portant sur le comique dans *Fin de partie* de Samuel Beckett.
- Fiche de lecture sur *Fin de partie*.
- Questionnaire de lecture sur *En attendant Godot*.
- Questionnaire de lecture sur *Fin de partie*.

ISBN version numérique : 978-2-8062-8506-5
ISBN version papier : 978-2-8062-8507-2
Dépôt légal : D/2016/12603/438

Avec la collaboration d'Alexandre Randal pour les chapitres suivants : « Influence artistique », « L'absurde dans *En attendant Godot* », « Figures de style » et « Tragique et comique », ainsi que pour les compléments d'information « Existentialisme et théâtre de l'absurde », « Beckett par lui-même » et « L'avis de Ionesco ».

Conception numérique : Primento,
le partenaire numérique des éditeurs.

Ce titre a été réalisé avec le soutien de la Fédération Wallonie-Bruxelles, Service général des Lettres et du Livre.

Retrouvez notre offre complète sur lePetitLittéraire.fr

- des fiches de lectures
- des commentaires littéraires
- des questionnaires de lecture
- des résumés

ANOUILH
- Antigone

AUSTEN
- Orgueil et
  Préjugés

BALZAC
- Eugénie Grandet
- Le Père Goriot
- Illusions perdues

BARJAVEL
- La Nuit des
  temps

BEAUMARCHAIS
- Le Mariage
  de Figaro

BECKETT
- En attendant
  Godot

BRETON
- Nadja

CAMUS
- La Peste
- Les Justes
- L'Étranger

CARRÈRE
- Limonov

CÉLINE
- Voyage au bout
  de la nuit

CERVANTÈS
- Don Quichotte
  de la Manche

CHATEAUBRIAND
- Mémoires
  d'outre-tombe

**CHODERLOS
DE LACLOS**
- Les Liaisons
  dangereuses

CHRÉTIEN DE TROYES
- Yvain ou le
  Chevalier au lion

CHRISTIE
- Dix Petits Nègres

CLAUDEL
- La Petite Fille de
  Monsieur Linh
- Le Rapport
  de Brodeck

COELHO
- L'Alchimiste

CONAN DOYLE
- Le Chien des
  Baskerville

DAI SIJIE
- Balzac et la
  Petite
  Tailleuse chinoise

DE GAULLE
- Mémoires
  de guerre
  III. Le Salut.
  1944-1946

DE VIGAN
- No et moi

DICKER
- La Vérité sur
  l'affaire Harry
  Quebert

DIDEROT
- Supplément
  au Voyage de
  Bougainville

DUMAS
- Les Trois
  Mousquetaires

ÉNARD
- Parlez-leur
  de batailles,
  de rois et
  d'éléphants

FERRARI
- Le Sermon sur la
  chute de Rome

FLAUBERT
- Madame Bovary

FRANK
- Journal
  d'Anne Frank

FRED VARGAS
- Pars vite et
  reviens tard

GARY
- La Vie devant soi

GAUDÉ
- La Mort du
  roi Tsongor
- Le Soleil des
  Scorta

GAUTIER
- La Morte
  amoureuse
- Le Capitaine
  Fracasse

GAVALDA
- 35 kilos d'espoir

GIDE
- Les
  Faux-Monnayeurs

GIONO
- Le Grand
  Troupeau
- Le Hussard
  sur le toit

GIRAUDOUX
- La guerre de
  Troie
  n'aura pas lieu

GOLDING
- Sa Majesté des
  Mouches

GRIMBERT
- Un secret

HEMINGWAY
- Le Vieil Homme
  et la Mer

HESSEL
- Indignez-vous !

HOMÈRE
- L'Odyssée

HUGO
- Le Dernier Jour
  d'un condamné
- Les Misérables
- Notre-Dame
  de Paris

HUXLEY
- Le Meilleur
  des mondes

IONESCO
- Rhinocéros
- La Cantatrice
  chauve

JARY
- Ubu roi

JENNI
- L'Art français
  de la guerre

JOFFO
- Un sac de billes

KAFKA
- La Métamorphose

KEROUAC
- Sur la route

KESSEL
- Le Lion

LARSSON
- Millenium 1. Les
  hommes qui
  n'aimaient pas
  les femmes

LE CLÉZIO
- Mondo

LEVI
- Si c'est un
  homme

LEVY
- Et si c'était vrai…

MAALOUF
- Léon l'Africain

MALRAUX
- La Condition humaine

MARIVAUX
- La Double Inconstance
- Le Jeu de l'amour et du hasard

MARTINEZ
- Du domaine des murmures

MAUPASSANT
- Boule de suif
- Le Horla
- Une vie

MAURIAC
- Le Nœud de vipères

MAURIAC
- Le Sagouin

MÉRIMÉE
- Tamango
- Colomba

MERLE
- La mort est mon métier

MOLIÈRE
- Le Misanthrope
- L'Avare
- Le Bourgeois gentilhomme

MONTAIGNE
- Essais

MORPURGO
- Le Roi Arthur

MUSSET
- Lorenzaccio

MUSSO
- Que serais-je sans toi ?

NOTHOMB
- Stupeur et Tremblements

ORWELL
- La Ferme des animaux
- 1984

PAGNOL
- La Gloire de mon père

PANCOL
- Les Yeux jaunes des crocodiles

PASCAL
- Pensées

PENNAC
- Au bonheur des ogres

POE
- La Chute de la maison Usher

PROUST
- Du côté de chez Swann

QUENEAU
- Zazie dans le métro

QUIGNARD
- Tous les matins du monde

RABELAIS
- Gargantua

RACINE
- Andromaque
- Britannicus
- Phèdre

ROUSSEAU
- Confessions

ROSTAND
- Cyrano de Bergerac

ROWLING
- Harry Potter à l'école des sorciers

SAINT-EXUPÉRY
- Le Petit Prince
- Vol de nuit

SARTRE
- Huis clos
- La Nausée
- Les Mouches

SCHLINK
- Le Liseur

SCHMITT
- La Part de l'autre
- Oscar et la Dame rose

SEPULVEDA
- Le Vieux qui lisait des romans d'amour

SHAKESPEARE
- Roméo et Juliette

SIMENON
- Le Chien jaune

STEEMAN
- L'Assassin habite au 21

STEINBECK
- Des souris et des hommes

STENDHAL
- Le Rouge et le Noir

STEVENSON
- L'Île au trésor

SÜSKIND
- Le Parfum

TOLSTOÏ
- Anna Karénine

TOURNIER
- Vendredi ou la Vie sauvage

TOUSSAINT
- Fuir

UHLMAN
- L'Ami retrouvé

VERNE
- Le Tour du monde en 80 jours
- Vingt mille lieues sous les mers
- Voyage au centre de la terre

VIAN
- L'Écume des jours

VOLTAIRE
- Candide

WELLS
- La Guerre des mondes

YOURCENAR
- Mémoires d'Hadrien

ZOLA
- Au bonheur des dames
- L'Assommoir
- Germinal

ZWEIG
- Le Joueur d'échecs

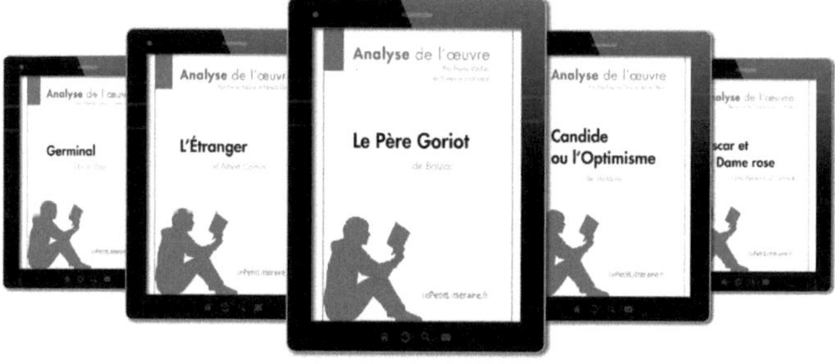